- HERGÉ -

LAS AVENTURAS DE TINTIN

VUELO 714 PARA SIDNEY

EDITORIAL JUVENTUD

Las Aventuras de TINTÍN y MILÚ
están editadas en los idiomas siguientes:

Afrikáans	HUMAN & ROUSSEAU	Sudáfrica
Alemán	CARLSEN VERLAG	Alemania
Árabe	ELIAS PUBLISHING	Egipto
Armenio	SIGEST EDITIONS	Armenia
Bengalí	ANANDA PUBLISHERS PRIVATE Ltd.	India
Castellano	EDITORIAL JUVENTUD, S. A.	España
Catalán	EDITORIAL JUVENTUD, S. A.	España
Checo	ALBATROS	República Chequia
Chino	THE COMMERCIAL PRESS Ltd.	China (HK)
Chino simplificado	CHINA CHILDREN PRESS & PUBLICATION GROUP	China (RP de)
Coreano	SOL PUBLISHING	Corea del Sur
Criollo reunionés	EPSILON EDITIONS	Reunión
Criollo	CARAÏBEDITIONS	Guadalupe
Croata	ALGORITAM	Croacia
Danés	COBOLT	Dinamarca
Eslovaco	UCILA INTERNATIONAL	Eslovenia
Estoniano	TANAPAEV PUBLISHERS	Estonia
Finlandés	OTAVA PUBLISHING Co. Ltd.	Finlandia
Francés	CASTERMAN	Francia (B/CH)
Galés	DALEN (LLYFRAU)	País de Gales
Georgiano	AGORA	Georgia
Griego	MAMOYTHCOMIX Ltd.	Grecia
Hebreo	M. MIZRAHI PUBLISHING HOUSE	Israel
Hindi	OM BOOKS	India
Holandés	CASTERMAN	Países Bajos (B)
Húngaro	EGMONT HUNGARY	Hungría
Indonesio	PT GRAMEDIA PUSTAKA UTAMA	Indonesia
Inglés	EGMONT UK LTD	Reino Unido
Inglés americano	LITTLE. BROWN & Co. (HACHETTE)	Estados Unidos
Islandés	FORLAGIT	Islandia
Italiano	RCS LIBRI	Italia
Japonés	FUKUINKAN SHOTEN PUBLISHERS	Japón
Letón	ZVAIGZNE ABC PUBLISHERS	Letonia
Lituano	ALMA LITTERA	Lituania
Noruego	EGMONT SERIFFORLAGET	Noruega
Polaco	EGMONT POLSKA	Polonia
Portugués	ASA EDICOQ	Portugal
Portugués brasileño	COMPANHIA DAS LETRAS	Brasil
Rumano	MKT EUROPE	Rumanía
Ruso	CASTERMAN	Rusia
Serbio	MEDIA II D.O.O.	Serbia
Sueco	BONNIERCARLSEN	Suecia
Thailandés	NATION EGMONT EDUTAINMENT Ltd.	Tailandia
Turco	INKILAP KITABEVI	Turquía

Tintín también han sido publicado en otras lenguas y dialectos.

Vigésimo segunda edición, 2010

Artwork copyright © 1968 by Casterman, París-Tournai
© de la traducción española:
Editorial Juventud, S.A., 1969
Provença, 101 - 08028 Barcelona
www.editorialjuventud.es
info@editorialjuventud.es
Traducción: Concepción Zendrera
Depósito legal B. 41.471-2010
ISBN 978-84-261-1007-7 (cartoné)
ISBN 978-84-261-1404-4 (rústica)
Número de edición de E.J.:12.306
Impreso en España - *Printed in Spain*
Ediprint, c/. Llobregat, 36 Ripollet (Barcelona)

VUELO 714 PARA SIDNEY

Jakarta, en la isla de Java. El "Boeing 707" de la Qantas, vuelo 714 procedente de Londres, acaba de aterrizar en el aeropuerto de Kemajoran, última escala anterior a Sidney.

¿Que dónde estamos? Ya se lo he dicho: en Jakarta.

Es curioso: Yo habría jurado que estábamos en Jakarta.

¡Pues claro que estamos en Jakarta, mil millones de cañones a babor!

¿Chandernagor?¡No me haga reir!

¡Rayos y truenos!¡Le repito que estamos en Jakarta!¡JAKARTA! Acabará poniéndome nervioso.

¡Ah!¿Ya hemos llegado?... ¡Podría habérmelo dicho...!

No, profesor, todavía no hemos llegado a Sidney. Estamos en Jakarta.

Sí, ya lo entiendo. Pero yo creía que estábamos en Jakarta.

Los viajeros en tránsito, por aquí. This way, please.

¡Ah! Los viajeros en tránsito... Estos somos nosotros...

Menos mal que viajaremos en tránsito. Lo prefiero... A mí, el avión me causa horror...

¿Que te parece si echáramos un traguito, Tintín?

¡Buena idea! ¿Por qué no?

¡Ah! Mira, allí está el bar...

¡Vamos!

¡Eh!¡Alto!...¡Deténganse!... ¿Qué tomadura de pelo es ésta?

¡Miren esto!¿Qué les decía yo?...Estamos en Jakarta, ¿sí o no?

KEMAJORAN (JAKARTA) AEROPUERTO INTERNACIONAL

¿Lo han visto?...Pero, claro, "Tornasol es el eterno distraído"..."No oye nunca lo que le dicen"..."Siempre nos sale por peteneras"..."Está siempre en la Luna"...y bla, bla bla...

¡Dios mío! El profesor Tornasol acabará volviéndome loco...¡Bah! Dejémosle y vámonos a tomar un whisky...¿Un whisky?...¿Cuando este pobre hombre quizás no pueda pagarse ni un vaso de agua mineral?...

Es cierto...¿De dónde habrá salido este pobre hombre?...¿A dónde irá?...¿Desde cuándo no habrá hecho una buena comida?...

Solo...Abandonado...Un náufrago...El auténtico desgraciado que se resfría hasta en los trópicos...

AAAAAAAAAH

TCHUUM

Tome su sombrero, buen hombre.

AAAAAT...AAAAAAT...AAAATCH...¡Gracias!...

¡Je, je!...Ser generoso, pero discretamente...No se ha dado cuenta de que he deslizado un billete de cinco dólares en su sombrero...¡Je, je!...

① ¿Qué veo?...¡No, no estoy soñando!...¡Un billete de cinco dólares!...

② ¡Alabado sea el cielo!...¡Al fin podré comer hasta hincharme!...

③ ÑAM...ÑAM...ÑAM...

④ ¡Gracias, Dios mío!...y bendecid...

...al alma noble y generosa que se ha apiadado de mí.

¡Perdón!...¡Ha dicho Chandernagor!...

Pero.

¡No tiene importancia!¡Vamos!...Cualquiera, en mi lugar, habría hecho lo mismo...

¡Mil millones de...

¡PST!...

?

¡PST!¡Mi viejo Pst!...¡Tú por aquí!...¡Qué sorpresa!...

¡Capitán Haddock!...¡Tintín!...¡Hola!...Contento de ver de nuevo a vosotros...

Te presento al profesor Tornasol, de quien seguramente habrás oído hablar...

Mucho alegrarme yo de estrechar mano de usted...

No, Tornasol...

¡El bueno de Pst!¡Cómo va eso?¡Ametrallador con babero!¿Y qué haces aquí, especie de gran fariseo?...

Yo piloto avión privado...Vosotros conocer célebre millonario Lazalo Carreidas, ¿verdad?...Pues bien...Él patrón de mí.

¿Lazalo Carreidas?...¿El constructor de aviones?...¿"El hombre que nunca se ríe"?

Sí, él. Aviones Carreidas, lanas, petróleos, salas de cine, prensa, Sani-Cola, etc. etc. Yo conducirle a Sidney para Congreso Internacional de Astronáutica.

¡Hombre!¡Qué casualidad! Nosotros también vamos a ese Congreso. Figuramos entre los invitados de honor. ¡Diantre! Por algo fuimos los primeros en llegar a la Luna...

¡Ah!¡Vaya! Yo creía vosotros ir en busca de grandes aventuras...

No, no, no. Las aventuras se terminaron, y bien terminadas están. Esto es un viaje de recreo...Sin molestias...Sin complicaciones...Sin sustos ni emociones fuertes...

¡GUAAUU!

No había visto al perro. ¡Por poco me hace caer! Tome, mi comandante, éstos son los telex para el plan de vuelo.

¡BRUTO!

Gracias...¡Ah! Yo presento Paolo Colombani, copiloto de nosotros...Amigos de mí: capitán Haddock, profesor Tornasol, Tintín.

Encantado.

Salud.

¿Alguna novedad, Colombani?

Ninguna, comandante. Presión atmosférica constante, vientos débiles del Sudeste, cielo nuboso...todo normal. Hasta luego.

Es nuevo tripulante. Otro caer enfermo en Teherán...Hospital en seguida...substituido por Colombani...

No me cae simpático este fulano...

¡Zopenco!

¡Ah!Ahí viene patrón de mí. Señor Carreidas se alegrará de conocer primeros hombres sobre la Luna...

¿Así que éste es el hombre que nunca se ríe?...

...De todos modos, es un buen hombre, pues ha tomado al emigrante bajo su protección... ¡Bien!

Señor Carreidas, permítame a mí presentarle amigos de mí: capitán Haddock, profesor Tornasol, Tintín. Ellos primeros hombres sobre la Luna. ¿Recuerda?...

Yo...

Mucho gusto, señor Carreidas.

?

?!

¡Ejem!...No...él, señor Spalding, secretario señor Carreidas... El señor Carreidas...

¡No! ¿De veras?...

No le estrecho la mano porque es antihigiénico, pero me alegro de conocer a los primeros en pisar la Luna.

¡Caramba!

?

¿Usted permite?... Aquí hay algo que...

¡Y hop!

¡Vaya, vaya!...¿Es usted acaso...tres-pi...no...presgi...no ...presgitidi... ta...ta...tataaaa...

JA, JA, JA.

JA, JA, JA...presti-giditador...

Ji, ji, ji ju...ju... ju...JA...

TAAAA... AAAA...

Pero...¡ja, ja!...pienso que es una cosa extraordinaria...inaudita...sorprendente...

¡Spalding!

Sí, señor Carreidas.

¿Ha visto usted?...

Sí, señor Carreidas.

Es que hacía años que no me sucedía esto.

En efecto, señor Carreidas.

Hay que celebrarlo.

Sí, señor Carreidas.

Spalding, encárguese usted de ello.

Bien, señor Carreidas.

Traiga una "familiar", ¿No le parece, Spalding?...Sale más barata.

Bien, señor Carreidas.

Sí, hacía muchísimo tiempo que no me había reido. Es preciso celebrar esto dignamente. ¿Quieren ustedes aceptar un vaso de Sani-Cola? Es una bebida muy sana, a base de clorofila...¿Le gusta?

Yo...¡Me encanta!

He leído en un periódico que van ustedes a ese famoso Congreso de Sidney, ¿no?...

¿Al Japón?...No, no. Nosotros vamos al Congreso de Sidney.

¡Ja, ja, ja! ¡Es un hombre magnífico! ¡Un verdadero bromista!

Sidney...Sidney...En este caso...

Dígame, capitán, usted, un viejo marino, debe de ser un enamorado del combate na...el combate na...

¿El Combatena?

NHAA

...val...Combate naval. ¿Le gusta a usted?

Yo....ejem...es decir...ejem...yo pertenezco a la Marina mercante, ¿comprende usted?...Sin embargo, a uno de mis antepasados parecía gustarle mucho esa clase de deporte.

No, no. Yo me refiero al juego del combate naval. ¡Juega usted!

Ejem...a veces...alguna vez he jugado,...sí....

Spalding.

Sí, señor Carreidas.

Escúcheme bien.

Estos señores viajarán con nosotros. Encárguese de anular sus billetes y traslade sus equipajes a nuestro avión.

Pero señor Carreidas...

Pero...

Perdón, pero...

¡Exacto!

¿Alguna objeción, Spalding?

No, señor Carreidas, pero yo pensaba que...

No piense usted, Spalding, y haga lo que le he dicho.

Bien, señor Carreidas.

Es usted muy amable, señor Carreidas, pero, la verdad, nosotros no querríamos que...

¡Ta-ta-ta-ta!...¡A su salud!

¡Paciencia! ¡Ya llegará el momento de pagármelas todas!

DONG Se ruega a los viajeros del vuelo Qantas 714 con destino a Sidney que se presenten en la puerta número tres.

Pero antes debo avisar al jefe.

Pero...¿Y nuestros equipajes, señor Carreidas?...¡Y nuestras plazas, que están reservadas?...

No se preocupen. Spalding se ocupará de todo.

Pero, es que llevamos a Milú, que es muy revoltoso y...

Milú...Re-voltoso...Ahora caigo...

¡MILÚ!

¡Ha desaparecido!...No soporta estar atado...Mire, ha roído la correa, el muy pícaro. Perdón, voy a bus-carlo...

¿Dónde diablos habrá ido a pasear?...

Mientras...

¡Alló, Walter!...Soy Spalding...Sí...Oye...Debes advertir al jefe: el "Griposo" acaba de invitar a tres tipos a bordo...Parecen ser amigos del piloto...Encontrados al azar...Entonces, ¿me entiendes?, todos nuestros planes se van al agua.

Demasiado tarde, Spalding. El dispositivo está listo, y no va a renunciar el jefe a sus planes a causa de tres pobres infelices...Así que...ejecución de las órdenes.

Pero, Walter, con tres pasajeros de más, la cosa puede fracasar, y si...

¡Ah!¡¡Estás aquí, granuja!¡Vamos, ven!

¡Sopla! La correa otra vez.

¡Pero, Walter, escucha!

CLAC

Ya sé que no te gusta, pero es el reglamento. A mí, ya ves, el tener que atarte, me da un vuelco el corazón...

?

¡

Per...perdón, no le había visto...Tenía...¡ejem!...que llamar a un primo lejano...que vive en Jakarta...En seguida voy a arreglar el asunto de los equipajes...

¡Sentimos darle molestias!

¡Oh! Es un placer...Hasta luego.

¡Hasta luego!

DONG

Último aviso: se ruega a los pasajeros del vuelo Qantas 714 con destino a Sidney se reúnan urgentemente en la puerta número tres.

¡Me espiaba!...¡Seguro!

¿Un primo?...¡Mentía, seguro!

Y usted, profesor, ¿también es aman-te del combate naval?

¿Cabalgar?¡Si yo he cabalgado?... An-tes, sí. ¡Y no solamente cabalgar! Aquí donde usted me ve, he practicado casi todos los deportes.

El tenis, la natación, el fútbol, el rugby, la esgrima, el patinaje: todos los deportes, ya le digo. Sin olvidar los deportes de com-bate: la lucha, el boxeo inglés, y el boxeo francés, es decir, la lucha a puntapiés.

¡La lucha a puntapiés!...

No, no, no: la lucha a puntapiés...Me hacen reír ahora con su judo y su karate...La lucha a puntapiés era al menos un deporte de combate...

Miren, por ejemplo, el puntapié en la cara; era mi especiali-dad... Sigan bien el movi-miento...

¡HOP!

BUUMMM

Sí, claro, he perdido un poco de agilidad... Pero con algo de práctica, pronto la recobraría.

¡Ja, ja, ja! ¡Su amigo es extraor-dinario!

¿Cuándo dejará de hacer el zua-vo?...

¿Cómo dice?...

¡Ejem!...Yo...yo decía...que usted debería tener más cuidado.

Todo está en orden, señor Carreidas. Podemos partir.

Bien. ¡Ya era hora!

?

Qué, capitán, ¿viene usted?...

Sí, ahora voy.

Spalding ha dicho la verdad: el "Gri-poso" ha tomado tres pasajeros... ¡Peor para ellos!... Pero...pero...

...Pero... ¡¡si aquél es Tintín!!...

Aquí tienen mi recién nacido: el "Carreidas 160". Es un trirreactor ideal para el hombre de negocios. Lleva una tripulación de cuatro hombres y tiene cabida para diez pasajeros. A 12.000 metros de altitud, su velocidad es de mach 11, o sea cerca de 2.000 km. por hora. Sus turborreactores Rolls-Royce-Turbomeca totalizan 8.400 kilos de propulsión.

Es fantástico...

Guau

Pero lo que le hace un aparato de vanguardia son sus alas, que...

¡Ah! Ahí viene Gino, mi "steward" napolitano. Me trae un mensaje.

Una communicazione de Nueva York para usted, signor commendatore.

¡Ah! Es Goldberg.

¡Allo! No corten.

Suban, caballeros. Gino, ocúpate de estos señores.

Bene, signor commendatore.

¡Allo!...¡Sí!...¡Ah, sí! La venta Parke-Benet...¡Qué hay?...Tres Picasso, Braque, Renoir...¡Bah!¡Tengo tantos!...

¿Qué dices?... ¿Que Onassis está interesado?...En ese caso, cómpralos todos.¡Naturalmente, el precio no importa!

Usted conocer ya tripulante Colombani...Éste Hans Boehm, nuevo radio de nosotros.

¡Encantado!

¡Encantado!

¡Vaya, vaya!...

¿Él también es nuevo?

Sí. No tuvimos suerte en este viaje. El otro radio fue atropellado por un camión cisterna en el aeropuerto de Singapur...

Pero el signor Spalding ha encontrado en seguida un reemplazo...Perque es mucho intelligento, sabe usted, il signor Spalding. Es...

BROUM

? ?

Se me...ha...enredado el pie con el hilo del...teléfono y...

Está usted haciendo el ridículo, Spalding...el ridículo.

Es que...Sí, señor Carreidas.

Grotesco, Spalding.

Un verdadero bufón, eso es lo que es usted, Spalding...¡Ja, ja, ja!...¡Ji, ji, ji!...

AAAAA

TCHUM

¡Vaya, vaya! Ahora que lo pienso, es la tercera vez que me río hoy. Si esto continúa tendré que hacerme visitar por mi médico...

Bien, señores, por favor, instálense y átense los cinturones. Vamos a despegar.

Yo me sentaré en mi sitio como siempre, Gino: a mi mesa de trabajo...

Comprendido, signor commendatore.

Juraría que él le ha guiñado el ojo. ¿Por qué?...Pasan cosas muy extrañas aquí...

Bueno, capitán, ¿qué le parece si hacemos una partidita de combate naval?

Con mucho gusto.

Su Gastralgil, signor commendatore...Todo está dispuesto.

Bien.

Torre de control de Kemajoran a Golf Tango Fox: está autorizado a entrar en pista y despegar...

Allo, allo, XB42...El cuadrado ha entrado en el círculo...

¿C4—D4—E4?... Bien, capitán, no está mal para empezar: Un submarino hundido y dos tiradas van al agua.

¡Ah! Bueno...

¡Esto empieza bien! ...Una buena pipa ahora...Espero que no le moleste el humo, ¿verdad?

No es cuestión de fumar a bordo. ¡No soporto el olor a tabaco!...

!

Ahora me toca a mí...espere... A4—B4...y...ejem...C2.

¡Buena salva, señor Carreidas! ¡Un torpedero hundido por dos jugadas que han dado en el blanco!...¡Y un impacto en otro torpedero!

Bueno, ahora me toca a mí. ¡Se trata de recuperarme! Veamos...C5—D5—E5.

No ha tenido suerte, capitán. ¡Tres jugadas en el agua!...Y ésta es mi respuesta: A8—B8—C8.

¡Mil millones de mil cañones!

¡Otro crucero hundido por tres impactos!... ¡Esto es adivinación!... Pero ¿qué me dice usted de esto?: C6—D6—E6.

Lo siento por usted. ¡Los tres han ido al agua! ¡Cree que es brujería?...No, basta con estar bien dotado, eso es todo...Ahora me toca a mí... Espere que me concentre...

Parece que ve en mi juego...¡Y por si fuera poco, me prohíbe que fume!

Mira, es curioso; diría que...¡Pero no, no estoy soñando!...

Aquí está mi tercera salva: G1—G2—G3.

¡EL ALA!

¿El ala?...¿Qué le pasa al ala?...

¡El ala, que...! ¡Se desprende el ala!

¡Una golondrina?... ¿Dónde?...

"¡Se desprende el ala!"...¡Ja, ja, ja!...¡Ji,ji,ji,ji!...¡JÒUAAAA!...

Perdone, pero no le veo la gracia a encontrarse en un avión que pierde una de sus alas en pleno vuelo...

No he visto la golondrina. ¡Los aviones de hoy en día van tan aprisa!...

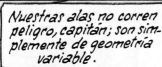

Nuestras alas no corren peligro, capitán; son simplemente de geometría variable.

¡Ah!... "Simplemente"... ¿Y qué es eso?

¡Pues bien! Las alas son móviles: el piloto las despliega al despegar y al aterrizar a fin de aumentar su impulso. Las repliega a la mitad para pasar la barrera del sonido. Y en vuelo supersónico las dobla al máximo, como en este momento...¡No tema, pues!

Volvamos al juego...¿Qué me dice de mi última salva, capitán?: G1-G2-G3.

¡Rayos y truenos!... ¡Tres impactos en mi acorazado!... ¡Usted tiene una vista increíble!...

Cuestión de olfato, capitán... Olfato y razonamiento... ¡Le toca a usted!

¿Qué le pasa a Spalding que se agita de ese modo?...

¡Y consulta su reloj a cada instante...¡Muy extraño!

E1-E2-E3.

¿Ahora se levanta?

¡Tres tiradas al agua!

Voy a echar una ojeada a la cabina del piloto, señor Carreidas...Veré si todo va bien.

¿Ha acabado de molestarme ya, Spalding? ¿No ve que estoy ocupado?...

Me toca jugar a mí, capitán.

¡Aquí pasa algo sospechoso!...

El señor Carreidas me envía a buscar noticias: quiere saber nuestra posición.

Nosotros justo pasar la vertical del radio-faro de Mataram, en la isla de Lombok. Nosotros descender ahora sobre Sumbawa, Flores y Timor.

Bien.

¡Ah, comandante!, me olvidaba: el señor Carreidas desea hablarle.

¿A mí?...¡Ya!...Yo voy en seguida.

Usted tomar los mandos, Colombani

O.K.

Vaya usted. Yo iré en seguida.

G-6, H-6, I-6.

¡Todavía haciendo trampas el patrón!

¡Mil rayos! ¡Otra vez en el medio!... ¡Es extraordinario!

¡Un crucero hundido en tres jugadas!... ¡Me toca a mí!... ¡Ejem!...F1, F2, F3.

Un impacto en un torpedero y dos disparos al agua... ¿Qué pasa?...

¿Usted me ha llamado, señor Carreidas?

¿Yo?...No...¿Por qué?

¡Pero si el señor Spalding... él acaba de decirme que...!

¿Spalding?... ¡Está loco ese muchacho!

¿Verdad, señor Spalding, usted haber dicho que....?

¡Vamos, arriba las manos todo el mundo!

¡¿¡SPALDING!?!

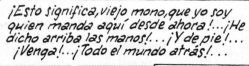

¡Abra, Spalding!... ¡Abra! ¡Si no, yo le... te... Spalding!

¡So tramposo!

Un segundo más y lo habría dominado, pero ya lo ha visto...

¡Mamma mia!

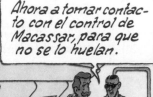

¡Spalding, miserable traidor!

¿A quién se lo dice?

Ahora a tomar contacto con el control de Macassar, para que no se lo huelan.

¡Spalding!... ¡Spalding!... ¡Mi pequeño Spalding!... Vamos, sea amable, muchacho. ¡Ábrame!

¡Macassar control? Aquí Golf Tango Fox. Estamos a la altura de Sumbawa. Todo marcha bien a bordo. Les volveremos a llamar antes de entrar en la zona de control de Darwin. Cambio.

Bien. Ahora volaremos a ras de las olas.

¿Descendemos?... ¿Dónde vamos a aterrizar?...

¡Pregúnteselo a los bandidos de allí delante!

Me zumban los oídos como si tuviera un ventilador en la mollera.

Trague, y le pasará.

¿Tragar qué?

¡Que trague, hombre!

Nosotros todavía descender. Sin duda ellos volar bajo para escapar de los radares.

¡Tragar?...

Sí, probablemente.

¿Tragar?..

GLUBB

¡Ya está! ¡Mis oídos se han destapado!

Debemos salir pronto de esta espesa capa...

¡Kurang adjar! ¡Apa tidah bissa djaga sajapoenja lajar! ¡Apa guilla!

¿Golf Tango Fox? Aquí Macassar control. ¿Qué pasa? No establecemos contacto con ustedes. Den su posición. Corto.

¡Aló, aló?... Golf Tango Fox. Aquí Macassar control. Repito. Den su posición. No tenemos control de radar. Aló, aló, Golf Tango Fox. Respondan...

¡Ja, ja! ¡Que te crees tú eso!

¡Mamma mia!

¿Por qué?

¡Un viaje de recreo! ¡Ya, ya!

¡Este Spalding!

Cambiar dirección.

¡Ah, Spalding, Spalding! ¡Se arrepentirá usted de haberme traicionado!... ¡Me oye, Spalding?... ¡Respóndame al menos, Spalding!

Pero, bueno, ¿imagina usted el porqué de este acto de piratería?

Sin duda será una potencia extranjera o una firma de la competencia que desea apoderarse de este prototipo.

¡O quizás sólo hayan querido raptarlo a usted para conseguir una buena cantidad de dinero!

¡Pues no me sacarán ni un céntimo!... ¡Nada!

Macassar control a Darwin control. Hemos perdido contacto con "Carreidas 160" Golf Tango Fox con destino a Sidney. Último contacto, a la altura de Sumbawa. ¿Lo tienen en su zona de control?

Van a dar la alerta en seguida y... ¡Ah! ¡Allí está nuestro radiofaro.

¡Bueno! Todo va bien.

¿Todo va bien?... No te alegres demasiado pronto, inglés... ¡Aún no has llegado a destino!...

¿Qué?... ¿Qué quieres decir?

Quiero decir que... la pista sobre la que hemos de aterrizar no tiene ni la cuarta parte de la longitud que necesita un aparato como éste... ¡Y que tenemos nueve probabilidades contra una de dejar ahí el pellejo!

Diez minutos después.

Llegamos a donde nos esperan: la isla de Pulau-pulau Bompa.

Bueno... Subir a mil pies, perder velocidad, poner las alas en posición de bajada, vaciar los depósitos, y... ¡adelante!

Ellos tomar altitud, sin duda ellos querer aterrizar... Sí, en la isla... y allí la pista de aterrizaje... ¡Pero ellos locos! ¡La pista es demasiado corta!...

El dispositivo está en su lugar.

Sí, ya lo he visto.

¡Ah! Han sacado el tren: van a aterrizar.

Los aero-frenos, Hans.

¿No has acabado de sacudirnos, piloto dominguero? ¡Truenos y rayos!

Ellos sacar aero-frenos.

¡Todos sentados, espalda contra pared y manos sobre cabeza, rápido!

Ahora, Colombani, viejo, a jugarse el todo por el todo.

¡Venga, rápido, el paracaídas!

CLAC

GUUAAAUUUU ¡Mamma mia!

¡Eh, capitán, las manos a la cabeza!

CRAC

¡Se ha roto el paracaídas!

¡Invierte los reactores!

GUAUUU ¡Y pensar que hay gente que viaja por gusto!

GUUAAUUU ¡Frena!...¡Frena!...

¡Es lo que estoy haciendo y a fondo!

BANG

¡Reventón en el tren delantero! ¡Lo que nos faltaba!

¡Si no aguanta, estamos perdidos!

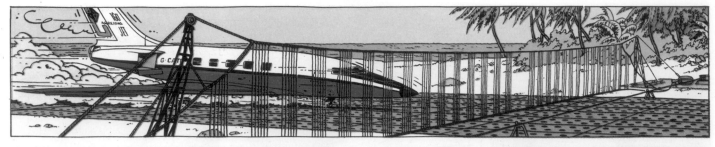

¡Ha tajo de brutos!

¡Mamma mia!

GUUAAUU

¡Salvados!

¡Ya está! ¡La "Operación Carreidas" ha sido un éxito!

¡Sí!

¡Caramba! ¡Qué golpe!... ¡Pero estamos vivos, que es lo esencial!

Bueno, ahora nos ocuparemos de los prisioneros...

¡Nunca tuve un aterrizaje tan malo! ¡Queda usted despedido!

¡Basta de historias!... ¡Y salgan ya, que el comité de recepción les está esperando!...

GUUUAAAAUUUU

¡Y tú, haz callar a ese perro!

¡Mamma mia!

¡Aún está asustado!

¿A quién se lo cuenta usted?

¡Milú, Milú, cálmate, Milú!

GUUAAUUU

¡MILÚ!

GUUAAUUU

¡Milú! ¡Aquí, Milú! ¡Milú!

¡Disparad! ¡Disparad de una vez! ¡Ese perro está rabioso!

GUUAAUUUU

TACTAC

GUUAAAUUUU

TACTAC

TACTAC TACTACTAC

¡Bandidos!...¡Asesinos!...¡Suéltenme! ...¡Les he dicho que me suelten!...

¡Montón de torpes!...¡Fallaríais a un elefante a medio metro! ¡Que persigan a ese perro y lo maten!

¡¿Esa voz...?!

¡RASTAPOPOULOS!

¡El mismo, amigo!...

...¡y encantado de acogerle en esta isla!

Me alegra sorprenderle. ¡Ah!... Seguramente usted creía que el pobre Rastapopoulos había sido devorado por los tiburones del mar Rojo...¡Ja, ja, ja!

¡Los papeles se han cambiado!...¡Esta vez el triunfo está definitivamente en mi mano!... Y ha sido usted quien ha decidido su suerte. ¡Ah!¿Por qué no permanecía tranquilamente en su avión rumbo a Sidney?

¡Tire en seguida ese cigarro; no se fuma en presencia de Laszlo Carreidas!

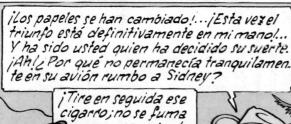

¿Qué dice?... ¿Que tire este cigarro?...¡Sus deseos son órdenes, señor Carreidas!

¡Nosotros ya sabíamos que era usted un canalla, señor Rastapopoulos: sólo nos faltaba saber que además es un grosero!

¡Bien dicho!

¡Insolente mequetrefe! ¡Aún te atreves a desafiarme, ahora que te tengo en mis manos!¡Porque te tengo a mi merced, imbécil!

¡Te tengo!...¡Y os tengo a todos, y os aplastaré como... como...

...como aplasto a esta miserable araña!

¡Sopla!

FDJRK

...Yo...hem...ustedes... Abreviando, ¡que esta isla será vuestra tumba!

¡Que dejen todo tal como estaba, Allan!

O.K., patrón.

Y así...

...dentro de dos horas, todo rastro de vuestro paso por aquí habrá desaparecido, y su dinero, señor Carreidas, su dinero...¡será para mí!

¿¡Qué!?

Sí, me avergüenza no ser millonario...De manera que, mejor que rehacer mi fortuna, me ha parecido más sencillo y más rápido tomar una parte de la suya.

¿Está usted loco?

No, ¡estoy bien informado! Yo sé, por ejemplo, que usted tiene en un banco suizo, bajo una falsa identidad (pues usted siempre hace trampas), una bonita suma...

Conozco el nombre del banco, y también el nombre bajo el que está establecida su cuenta. Tengo muchas muestras de la falsa firma que usted utiliza... Sólo me falta el número de la cuenta; pero este número me lo dirá usted.

¡Jamás!

No se debe decir "jamás", querido Carreidas...¿Verdad, doctor Krollspell?

¡Je, je!

¡Puede torturarme, arrancarme las uñas, cocerme a fuego lento o hacerme cosquillas en la planta de los pies, pero no hablaré!

TACTACTAC   TACTACTAC

¡MILÚ!

¡Ah! ¡Ya deben de haber liquidado al perro!

¡Es usted un cobarde!...

Hablo con el amigo Carreidas, no con usted, jovencito...

¿Y quién ha hablado de tormentos, querido amigo? ¿Por quién nos toma?...¡Por salvajes?¡Qué calumnia! Sepa que el doctor Krollspell ha fabricado un suero de la verdad tan eficaz, que le arrancará sin ningún dolor el secreto que usted no quiere decirme.

¿Un suero de la verdad?¡Ah, pirata!...¡Ah, monstruo!...¡Ah, malvado!...¡Ah!...¡Aaaah!...¡Aaaah!...

AAAAH

TCHHUUM

¡Mi sombrero!

¡Fuera!

Lléveselo, doctor Krollspell. Y prepare lo necesario. Nos reuniremos dentro de unos minutos.

¡Mi sombrero!... ¡Mi sombrero!...

¡Por aquí!

¡Devuélvanle su sombrero a ese desgraciado, banda de ectoplasmas, truenos y rayos!...¡Ese hombre corre peligro de insolación!

¡Mi sombrero!...

Conque corre peligro de insolación, ¿eh?...Pues tú también llevas la cabeza descubierta...

¡No te preocupes por mí!

Claro, claro; pero vale más que te cubras, créeme.

?!

¡Mil millares de...!

¡Ja, ja, ja!...

¡Ja, ja, ja!...

¡Pies descalzos!...¡Alborotadores!... ¡Sátrapas!...¡Flebotomas!...

Bueno, ya hemos reído bastante; ahora llévalos al "frigorífico."

O.K.

¡Vamos, en marcha!... Tú, Tintín, ya que este viejo ha bebido tanto que no ve las cosas claras, vas a servirle de guía.

¡Reirá mejor quien ría el último, atontao!

Vamos a trepar: pónganse en fila india. ¡Venga, Tintín, tú guiarás al viejo barbudo!

¡A la izquierda, capitán!...

A la derecha...Un poco más a la derecha...Ya vale...

A la izquierda ahora...

Ahora siga recto...

¡Cuidado, ahora a la izquierda!

GRNBLLL

A la izquierda...¡A la izquierda, capitán!

¡A la izquierda!

¡A la izquierda!

La otra izquierda, cap...

BOOONG

¡Mil millares de miles de cañones!...¡Ah!...Si algún día caes en mis manos, Allan, te juro que te haré tragar la gorra con visera y todo.

¡Ja, ja, ja!

¡Vamos, sigan!...¡Casi hemos llegado!

¡Hagan el favor de pasar, señores!

Ya estamos "en casita": un viejo "bunker" japonés del que no saldrán hasta que Carreidas haya hablado.

Y después, ¿qué harán con nosotros?

No debería decírselo, pero, ¡bah!, no quiero andar con tapujos con amigos como ustedes... Pues bien..., subirán al avión... que será remolcado mar adentro y hundido...con ustedes a bordo, naturalmente...¡Ja, ja, ja!

CLANGGG

¡Víbora!

¡Bandido!...¡Canalla!

¡Ja, ja, ja!

¡Serpiente!...¡Catacresis!...¡Bachi-buzuk!...¡Vampiro!...¡Apache!...

¡Cálmese, capitán!...Y acérquese, que intentaré quitarle el sombrero...

'ire aho'a, 'a'i'án.

¿Puedo serles útil, amigos?...

¡Ya!

¡Mil millares de mil cañones! Yo...¡Oh! Perdone...

¡Ja, ja, ja!...¡Esta sí que es buena!

¡Qué gracioso!...¡Ah, muy gracioso!¡Sí, sí, es muy gracioso!

¡Chist!...¡Cállense!

¿Qué?...¿Qué pasa?

¡Desde luego, vaya una gracia!

No, nada...Me he equivocado...Había creído oír ladrar a Milú...

¡Dios mío, es verdad, pobre Milú!

¡Digo que qué poca gracia, eso es lo que yo digo!

¡Pero no te preocupes, Tintín! Si salimos de ésta les haremos pagar cara su cobardía a esos piratas, a esos...

Sí, capitán, pero esto no nos devolverá al pobre Milú.

Yo...ejem...claro...yo...eh...

Y mientras tanto, nosotros estamos condenados, con unos días de plazo, hasta que Carreidas hable...¿Pero hablará?...

¡Hablará, señor Rastapopoulos, hablará, se lo aseguro!

¡Lo espero por usted, doctor Krollspell!

¡Nunca!...¡Y ahora devuélvanme mi sombrero!

¡Vamos, no se ponga nervioso! ¡NO! ¡NO! ¡NO!

¡AYYY!

¡Apresúrese, doctor; detesto ver sufrir!

He terminado, señor, puede interrogarlo.

¡Bandidos!...¡Cobardes!...¡Bribones!...

¡Asesinos!...¡Asesi...! ¡Ase...! ¡Aaaaaass...!

Ahora, querido Carreidas, ¿será usted más comprensivo?

¡Oh, sí! ¡Oh, sí, naturalmente!

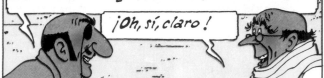

Escúcheme bien: ya sabe que conozco el nombre del banco suizo donde usted ha depositado más de dos millones de dólares. Sé también, por medio de su fiel Spalding, el nombre que usted utiliza para comunicarse con dicho banco. Él me ha facilitado asimismo varias muestras de su falsa firma. Pero usted procuró esconder el número clave de su cuenta: este número me lo dirá usted, ¿no es cierto?

¡Oh, sí, claro!

¡Oh, sí! Hace tiempo que tenía ganas de descargar mi conciencia. Se lo voy a decir todo...

TCHUUM

¡Salud!

¡Je, je!

Gracias... Se lo confesaré...eh... Doce, nueve, diecinueve, cero, tres... Sí, esto es.

¿12-9-19-03?...¿Es éste el número de su cuenta en el banco?...

¿Un banco?...No, no, no: un almacén de frutas y verduras. Fue en la tienda de este almacén, el 12 de septiembre de 1903 (yo tenía cuatro años), cuando robé por primera vez; robé una pera. Me acuerdo como si fuera ayer.

¿Pero qué está diciendo?

La verdad; yo,...señor...

La triste verdad... Y esto no era más que el principio... Triste es decirlo, pero fue así...

Seis meses después robé un anillo a mi madre. Y dejé que acusaran a Odile, la sirvienta.

¿Y ahora, qué, doctor Krollspell?...

No lo entiendo. Es la primera vez que pasa esto...

¡Pobre Odile!... Trató de negarlo, pero la echaron ignominiosamente... Y yo me reía en secreto... ¡Ya era un verdadero genio del mal!

Sin duda, la dosis no ha sido suficiente. Voy a ponerle otra inyección.

¡Ah, bien!

Y así, desde mi tierna infancia, no he cesado de perjudicar a mi prójimo. Es increíble, ¿verdad?...

Ya está...

Y ahora, ¿quién dirá el número de su cuenta a su viejo amigo Rastapopoulos?... ¿Eh?...

¡Yo!... ¡Yo lo diré!...

327,50...

¿327,50? Perfecto, querido Carreidas. Es todo lo que quería saber.

Sí, sí, 327,50. Me acuerdo muy bien: es la suma que una mañana hurté del portamonedas de mi hermana mayor.

¿Se está usted burlando de mí?

Créame, querido amigo: verdaderamente, el fondo de mi naturaleza es malo. Vea, si no, otro ejemplo.

¿Va usted a decirme de una vez el número de su cuenta?...

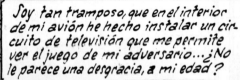

Soy tan tramposo, que en el interior de mi avión he hecho instalar un circuito de televisión que me permite ver el juego de mi adversario... ¿No le parece una desgracia, a mi edad?

¡Ya mí qué!
¡Ya mí qué!
¡Ya mí qué!

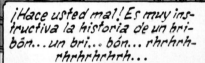

¡Hace usted mal! Es muy instructiva la historia de un bribón... un bri... bón... rhrhrh-rhrhrhrhrh...

¡Ahí lo tiene, dormido!... ¡Ah, es un éxito su suero, doctor Krollspell, un brillante éxito!...

Mientras...

Si logramos salir con vida de esta aventura, prometo no volver a beber más whisky...

... por lo menos durante quince... no, ocho... no, digamos, tres días... ¡Lo prometo!

¡Chist!... ¡Oiga!... ¡Silencio!

¡Si yo no digo nada!

¡Es Milú!...¡Es él!...¡Seguro!...¡Escuche!

¡Haï!¡Haï!

¡Milú!...¡Vivo!...¡Mi querido Milú!

¡Chist!...¡No hagáis ruido!...

¡Haï!¡Haï!

¡Silencio, truenos!...¡Llamaréis la atención de los centinelas!

¡Haï! ¡Haï!

Parecía un perro, ¿verdad?...

Efectivamente.

¡Cálmate, Milú, cálmate!

¡Haï! ¡Haï!

¡Chissssssst!

¡Haï!¡Haï!

¿Pero qué es lo que veo?...¡Mi amo atado!...

¡Sí, sí, anda!

SCRRUC
SCRRUC
SCRRUC

¡Ya está, ya ceden mis ligaduras!...¡Soy libre! ¡Gracias, Milú!

¡Magnífico! ¡Por Milú, todos a la vez!

¡No!

HIP HIP HIP!

HURRRR
...RRA!?

¡Bueno! ¿Qué pasa?...

¡Dios mío!¡Dios mío! ¿Qué es lo que he hecho?...

¡Cuidado, que vienen!

¿Quién ha gritado?

¡Ojalá Milú comprenda lo que yo espero de él!

¡Es una broma estúpida, lo digo tal como lo pienso!

¿Por qué han gritado?...¡Contesten!

¡Ahí está!...¡Me ha comprendido!...

¡AUCH! ?

¡AYYYYY!

¡Es el momento!...¡Hop!

PAF

¡Paf!... ¡Perfecto!

¡Bonito gancho de izquierda!

PAF

¡Muy bonito gancho de derecha para el otro!

¡Re-PAF!... ¡Bravo!

Ahora, lo primero, quitarle a Tornasol el sombrero.

Hermoso trabajo, ¿eh, muchachos?...

¡Era una tontería!

¡No digo lo contrario, pero era una tontería estúpida!

Y ahora se trata de liberar a ese pobre millonario.

¿Qué?...¡Arriesgar nuestra vida por semejante tramposo?...

Y, además, ¿como encontrar a ese pedazo de suavo?...

¡Por medio de su sombrero!

¿Por medio de su sombrero?...

Sí...¿dónde está?...¡Ah!... ¡Ahí!

¡Olfatea, Milú, olfatéalo bien!

Sniff, sniff... Esto me recuerda a alguien...

¡Vamos, busca!

¡Busca bien!

Yo...ajem...esta vez, esto servirá, señor Rastapopoulos...He puesto una doble dosis...Yo...lo conseguiré.

¡Se lo aconsejo de veras, doctor!...

RRRRR

RRRRR

RRRRR

Como usted ha llevado puesto el sombrero, Milú se equivoca de dirección...

De todas formas, gracias a Milú encontraremos a Carreidas.

Puede...pero en cuanto a libertarlo...

Escuchen lo que propongo: el capitán y yo saldremos a buscar a Carreidas. Usted, Pst, junto con el profesor, Gino y los prisioneros se esconderán por los alrededores de este "bunker" y esperarán nuestra vuelta...¿De acuerdo?

Yo creo muy buen plan, Tintín. Yo habría preferido ir con ustedes...pero estoy de acuerdo en quedarme con los amigos y prisioneros.

¡Bien! ¡En ese caso, andando!

¿Viene, profesor?

¡Inaudito! ¡Increíble! ¡Lo nunca visto!

¡Venga, rápido: el tiempo apremia!

¡Ah! ¿También usted lo ha notado?...¡Son las más fuertes oscilaciones que mi péndulo ha registrado jamás!

¡Es extraordinario!...¡Mire! ¡Pero mire, hombre!...¡Es la primera vez que veo esto!...

Y al cabo de unos minutos...

Este es el lugar ideal para esconderse. Sobre todo, no hagan ruido. Vigilen bien a los prisioneros. Si todo marcha bien, nos reuniremos aquí.

¡Hasta luego, Tintín! ¡Hasta luego y buena suerte!

¡Buena suerte para usted también, Pst!

...¡Se estaba tan bien en Mulinsart!

De todas formas, si alguien viene a proponerme un viaje, yo prometo que...

CRSCH ?

¿CAPITÁN?...

¡CAPITÁN?...

CAPITÁN, ¿DÓNDE ESTÁ?...

¡Mil millares de mil cañones! ¿Dónde...dónde está?

¡Aquí!

¡Ah!¿ De dónde sale?

¡Yo qué sé!... He querido evitar las raíces... y, ¡crac!, he caído en medio...

Y lo más curioso es que he aterrizado sobre una cosa dura y plana...Parecía una losa o algo por el estilo...

Vamos, capitán. Veremos eso después si hay tiempo.

¡No corras, Milú!

¡Oh!...Venga a ver...despacio...

?

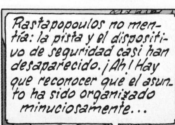

Rastapopoulos no mentía: la pista y el dispositivo de seguridad casi han desaparecido. ¡Ah! Hay que reconocer que el asunto ha sido organizado minuciosamente...

No he visto el avión; deben haberlo camuflado.

Seguramente.

No debemos de estar muy lejos del objetivo: mire cómo se agita Milú...

¡Mire allá! Otro "bunker" guardado por dos centinelas. ¡Allí debe de estar Carreidas!

Ya...ya...ya...ya está...Se...se despierpierta...Va...va...a...a...habl...hablar...

Están confiados... Bueno, esto es lo que vamos a hacer...

Kita di rumah biassa tambah sedikit sambal ulek...

Itu bukan djelek, tentu lebih enak tetapi...

¡Chisssst!...Si no, ¡pam, pam!...¡Comprendido?

¿Comprendido, eh?...Silencio, o...

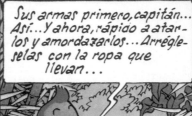

Sus armas primero, capitán... Así...Y ahora, rápido a atarlos y amordazarlos...Arrégleselas con la ropa que llevan...

Lo siento, amigo, pero no me queda otro remedio...Al que algo quiere, algo le cuesta...

¿Cómo va eso, viejo mico?

¿Vas a decidirte de una vez...o tendremos que emplear otros medios?... ¿Hablarás, canalla?...

¡Tenéis razón al decir que soy un canalla!... ¡Nunca lo diré bastante!...Y no será porque me hayan faltado buenos ejemplos en mi juventud...Miren, sin ir más lejos, mi abuelo materno...

Mi abuelo, ¿saben?, sólo era un humilde pastelero en Erzerum. Pues bien, él no cesaba de decirme: Laszlo, recuerda que un camello mal adquirido no aprovecha jamás...

¡Todo esto sucede por su culpa, aprendiz de curandero!...¡Me las pagará!...

¡AYYYY!

30

¡Estúpido, animal! ...¡Me ha pinchado con esa maldita jeringa!

Es...es que...estoy nervioso...

La...la jeringa estaría vacía, supongo...Dígame, matasanos: estaba vacía, ¿verdad?...

Eh...eh... sí...sí...

Estaba...estaba prácticamente vacía...¿Se encuentra usted mal?

¿Yo mal?...¡Yo mal?... ¡Yo mal?...

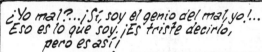

¿Yo mal?...¡Sí, soy el genio del mal, yo!... Eso es lo que soy. ¡Es triste decirlo, pero es así!

¡Perdón, el genio del mal soy yo!...¡Y además soy más rico que usted!

Puede, pero yo arruiné a mis tres hermanos y a mis dos hermanas, después de poner a mis padres en la calle...¿Qué le parece?

¡Bah!...Eso no es nada...Yo hice sufrir tanto a una tía mía, que se murió de pena.

Admitámoslo...Pero ha de pensar que para idear y poner en práctica su secuestro, se ha de ser muy astuto y no tener escrúpulos.

A usted mismo, doctor, yo le había prometido 40.000 dólares si me ayudaba a obtener el número de la cuenta de Carreidas...Pues bien: de todos modos, yo pensaba suprimirle después...¿Es o no es esto maquiavélico?...

Igual que a estos bobos de sondonesios que he arrastrado a esta aventura: ¡les he hecho creer que luchaba por la independencia de su país. ¡Ja, ja, ja!...¡Si supiesen lo que les espera!...

Esos juncos están llenos de minas y jamás volverán a ver a su patria.

¡Qué monstruo!

Y lo mismo para mis cómplices: Spalding y los aviadores, que ya están viendo y palpando el dinero que les he enseñado...¡Su suerte está echada!...¡El diablo en persona no lo haría mejor!...

¡Pffff!...¡Eso lo haría cualquiera!

¡Basta ya!¿Reconoce que yo soy peor que usted?... ¿Sí o no?

¡No!¡Jamás!...¡Jamás!¡Me oye usted?...¡Antes la muerte!

¡Muérete, pues, si ése es tu gusto!

¡Rápido!¡Ya es hora de intervenir!

¡Huy! ¿Cómo abriremos esta puerta?...

¡Eh!... ¡Guardias!

CLONNG !

Vengan, el patrón está...

?

?

¡A...a...a...arriba las manos!

¡Ay, ay, ay! ¡Mi cabeza!...

Átelo, capitán, que yo me ocuparé de Rastapopoulos.

¡Arriba las manos, canalla!

¡Tintín!...¡Ah! Me alegro de verte... Vienes en el momento justo...

¡Arriba las manos?...¿Es que no ves que tengo los brazos atados?

Tú testificarás a mi favor...Tú que me conoces desde hace años, ¿no es cierto que soy un auténtico genio del mal?...¡Díselo, que a mí no me cree!

?

¡No, no le creo! ¡No le creo! ¡No le creo!... Y además, ¡quiero mi sombrero!

¡Capitán, venga a amordazar a Rastapopoulos!

Ahora mismo voy...

Uaaah-aaah-aaah...¡Todos están contra mí!

¡Ah! ¡El esparadrapo!... Esto facilitará las cosas...

Uaaaah... Uaaaah...

¡Listos!

Y ahora ¿qué? Diga: ¿quién de nosotros dos es más bribón?... No dice nada, ¿eh?...

MBLLL MMMBB

Venga, señor Carreidas. Podemos ser sorprendidos y...

¡Silencio, mequetrefe!...¡Cuando Laszlo Carreidas habla, todo el mundo se calla!

Mientras tanto

¿Qué estará haciendo el patrón?...Me dan ganas de ir a ver.

¡Cuando uno pretende ser el genio del mal, señor, se contesta a la gente y se le hace cerrar el pico!... Y además...

MBLLL

Por favor, señor Carreidas, estamos en peligro, y...

¡Otra vez me interrumpe, jovencito?...¡Sepa que nada ni nadie impedirá hablar a Carreidas!...

¿Qué...? ¿Cómo...?

MBLL MMBBB MMBLL BBMLBBMLLL

Conque nada ni nadie, ¿eh?...

¡Ah!¡Su sombrero!...¡Eres muy amable, Milú!...Quizás esto lo tranquilice un poco...

Si se hubiera portado mejor, no habríamos tenido que tratarlo así, señor Carreidas.

MBLLL

¡Bueno!¡Ya hemos perdido bastante tiempo!...¡Vamos!...¡Iré a ver si el camino está libre!

Sí...sí... Ya voy...

O.K. Nada a la vista... Puede venir...

Ya voy... ya voy...

¡Qué, capitán!...¡Viene usted, sí o no?...

Ya voy...ya voy...

¡Viene, viene!... ¿Pero será hoy o mañana?...

Perdona...yo... Me había liado con un trozo de esparadrapo. Sabes cómo quiero decir...Pero ya me he deshecho de él...

¡Está bien! ¡Pero vámonos!

Dejemos aquí a los dos sondonesios: ya tendremos bastante trabajo vigilando a estos tres pájaros...¡En marcha!

¡En marcha!

Y esperemos que no nos encontremos con nada desagradable.

PAM

PiuuuuU

¡?

TACATACATACA

¡Stop!...¡No malgastemos nuestras municiones!... Pronto nos harán falta...

¡¡Bandido!

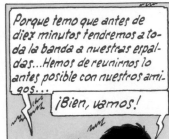

Porque temo que antes de diez minutos tendremos a toda la banda a nuestras espaldas...Hemos de reunirnos lo antes posible con nuestros amigos...

¡Bien, vamos!

MMBLLL

¿¡?¡~¿? ¡¿?

BLMMBL

Pero...pero... ¿Qué hago yo aquí?...¿Qué ha pasado?...

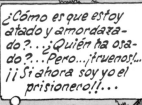

¿Cómo es que estoy atado y amordazado?...¿Quién ha osado?...Pero...¡truenos!... ¡¡Si ahora soy yo el prisionero!!...

TRiiiiiiiiT   TRiiiiiiiiT

Pitos...Es Allan, que reúne a sus hombres para lanzarlos contra nosotros.

¡Allan a sus espaldas?...¡No está todo perdido!...

¡Más de prisa, capitán!

He de ver cómo retraso la marcha...¡Yes muy sencillo!...

! !

Ha caído redondo y...¡Caramba!¡Ha perdido el conocimiento!

¡Truenos y rayos!

¿Qué hacemos, capitán?...¡Lo dejamos?... Es un rehén demasiado valioso...

¡Naturalmente!

Y si cargamos con él, corremos el riesgo de que nos den alcance.

Espera...Quizá haya una tercera solución.

Esto es lo que busco.

¿Qué va a hacer?...

CRAC

❶

¿Que qué es lo que voy a hacer?...Ver si es verdad que ha perdido el conocimiento.

¿Qué?...¿Con ese pincho?...

?????...

MMMM

¿Lo ves? Un pinchacito en cierto lugar bien escogi...do...y ya ves el resultado.

Debemos de estar cerca del sitio donde hemos dejado a nuestros amigos.

CRAC

?

¿Qué es esto?...

¡Un varano!

¿Y qué hace por aquí esta especie de brontosaurio escapado de la Prehistoria?...

MMMMMMMM
MMMMMMMM
MMM   MMM

MMMMMMMM

MMBBBL MMMMMM

?

Primero atrapar a éste...El capitán pescará fácilmente al otro.

¡Ha salido mal!¡Ya le tengo tras de mí!

¡Amiguito, no correrás mucho más!

¿Y Rastapopoulos?...

No sé...ffffhhh... Mi escopeta...ffffhh... se enganchó...ffhh ...en un árbol...

¡Mal negocio!...Pero no es culpa suya, capitán...De-jémoslo...Es inútil perseguir-lo. Ya debe de estar lejos ahora...

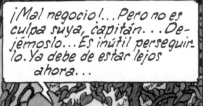

A diez metros...ffffh...to-do lo más...ffffh...jimbéciles!

Ya voy, Tintín, déjame recoger mi escopeta...

?

¡Rayos!...¡Se ha escapado!...

MBLLL

GRRRR

He dejado a Milú vigilando a Carrei-das, pero estoy se-guro de que Krolls-pell lo hubiera he-cho también.

¡Jem!

¡Silencio!...¡Chissst!...¡Escuchen!... Deben de estar cerca...

¡!?

¡Eh, patrón!

? ¡Allan!...¡Salvado!

PONGG

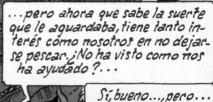
Mientras tanto...

Yo no me fiaría... Creo que te equivocas confiando en ese doctor.

Es arriesgado, desde luego...

BLMMBM MBMMBL

...pero ahora que sabe la suerte que le aguardaba, tiene tanto interés como nosotros en no dejarse pescar. ¿No ha visto cómo nos ha ayudado?...

Sí, bueno..., pero...

¡AAAYYYY!

¡!

¡!

¡Es un grito terrible!... ¡Un grito espantoso!...

¡Sí!...¡Aún tengo la piel de gallina!...

¡AAYYY!

¡Ánimo, patrón, es el último!

¡AAAYY!

Me parece...Yo diría que es la voz de Rastapopoulos...

De todos modos, de alguien que no lo está pasando nada bien...

¿Y a qué esperas para perseguirlos, eh?...¡No olvides que necesito a Krollspell y a Carreidas vivos los dos!...

¡Bien, patrón!...¡Entendido, patrón!...

¡Y déjate de tanto patrón, imbécil!

¡Vamos, muchachos, acabemos con los enemigos de vuestra patria!

¡Ahí vienen!...¡Cuidado!...¡No hagáis ruido!...No hay que...

¡Guauu!¡Guauu! ¡Guauu!¡Guauu!

¡Ahí están!¡Ya los veo!...¡Huya con los demás, capitán!

Pero yo...

¡Váyase! Yo los man- tendré a distancia...

¡Guauu! ¡Guauu!

PAM
PAM

Piuuuum

CLAC

CLAC

Piuuum

¡Ahora me toca a mí, mucha- chos!Una ráfaga a la derecha...

TACATACATAC

Otra ráfaga a la izquierda...

TACATACATAC

¡Y a escapar volando mientras ellos aún creen que estoy ahí!

Pero...¿Qué me pasa?...Parece como si una voz me hablara desde mi interior...

¿Más arriba?... ¿A la izquierda?... ¿Bajo una gran roca plana?Bien, bien, obedezco...

Ahora me toca a mí cubrirte...

¡No, no, venga!...Sé dónde hallaremos refugio.

¿Un refugio?...¿Dónde hay un refugio?...¿Qué estás diciendo?

No lo sé...pero debe haber una roca plana por allá arri- ba...Sígame.¡Corra, por aquí!...

Una enorme ro- ca plana...Y eso, ¿cómo lo sabes?... Además...

¡Venga!...¡Corra!... ¡Corra!...

¡Hemos llegado!...¡Es allí, detrás de la maleza!...

¡Baje, doctor!...¡Cuidado!...Debe de haber unos diez escalones...

¿Y tú, cómo lo sabes?...

Sí, ya veo...

¿Ya está?...Bien; ahora, que baje Carreidas. Agárrele que no se caiga.

MBLLL

¡Ahora, usted, capitán...de prisa! ¡No deben vernos entrar aquí!...

¿Pero vas a decirme a dónde nos llevas?...

¡Ni yo mismo lo sé!...Pero es nuestra única esperanza de salvación. ¡Por favor, decídase!

¡Está bien, bajaré!

¡Puaff! ¡Qué asco de bichos! ¡Fuera!

¡Vamos, capitán!...Estos animales son inofensivos, no se lo van a comer...

¡En nombre del cielo, capitán, sígame!

¡En medio de esta banda de aves siniestras?...¡No! ¡Eso sí que no!

PAM

PAM

TSCHiiii

TSCHiiii

PAM

TSCHiiiii

¡Ja, ja! ¡Han caído en la trampa, pasándose de listos!...

¡Hola! Es Allan quien os habla...Escuchen...Un buen consejo: ¡salgan antes de que me enfade y les lance una granada!...

¿No respondéis?...Está bien. ¡Vosotros lo habéis querido!...¡Peor para vosotros!

El tiempo de preparar esta granada...

...y os la envío...Uno... dos...y...

...tr...

¡Qué plancha!...¡El patrón quiere a Carreidas y al doctor vivos!...¡La que me hubiese armado el patrón!...

¿Qué hago ahora con esta granada?...

¡Rápido!¡Rápido! ¡Poneos a salvo!... Voy a lanzarla lo más lejos posible.

¡Ufff!...¡Bueno!¡Qué sudores! ¡Qué apuro!

¡BUAMMM!

¡Ya está!... Ha pasado el peligro.

¿Quién es el malvado imbécil que ha tenido la genial idea de lanzar una granada?...

¡Apuesto a que has sido tú,pedazo de cretino!...¡Atontao!¡Perfecto idiota!...

¡Triple bobo!...Y nuestros prisioneros,¿qué?¿Dónde están los prisioneros?...

En la cueva...tras la... la...la...la...

¡En la cuevatraslala!... ¡En la cuevatraslala...! ¡Y qué es lo que esperas para hacerlos salir de la cuevatraslala?...¿Eh?... ¡Qué esperas?...

¡De prisa!...¿Qué esperáis para bajar y hacerlos salir?...¡Venga!¿Qué esperáis?...

¡Qué plancha!...

¡Brenti!...¡Stop!...¡Brenti la!...

Y ahora, ¿qué?... ¿Entras, sí o no?...

Disana...Diatas batu karang... Lihatlah tanda dewa2 terbang ini diatas kereta2 berapi.

Saja. Itu betul.

¡Bueno! Y ahora, ¿qué sucede?...¿Los valerosos combatientes de la Revolución tienen miedo de un borracho, de un mequetrefe y de unos cuántos murciélagos?..

No, eso no, míster Allan...Pero no se puede entrar en este subterráneo...¡Está prohibido, míster Allan!...¿Ve este signo?... ¡Es el de los dioses venidos del cielo sobre sus carros de fuego! Si entramos, el castigo será terrible...

¿CÓMO?...

¡¿Qué?! ¿Qué es lo que estáis diciendo?.. ¿Os negáis a obedecerme?¡Esto os costará caro, banda de cobardes!...

¡No, patrón!...¡Cálmese, por favor!... Aún los necesitamos... Y acuérdese de su espanto ayer cuando vieron aquella luz extraña...Déjeme hacer a mí.

¡Bueno, vamos!...¡Eh, tú, vuelve a la playa y di a los dos aviadores que vengan inmediatamente!

Bien, míster Allan.

Que traigan antorchas, cuerdas y, naturalmente, armas.

Bien, míster Allan.

¡Y que estén aquí antes de la noche!

Bien, míster Allan.

¡Perfecto!...Y ahora es a ti a quien hablo, capitán Bebe-sin-sed; a ti y a tu especie de monaguillo...¡Si no salís por las buenas con las manos en alto...

...lo haréis con los pies por delante!

No tardarán, bu...ejem... pre-dón, pratón...ejem...perdón, patrón...¡Un cigarrillo mientras les esperamos?

¡Puuuaaa!

CRAC !

¿Qué es eso?...

¡Oh!...Un...eso...una cosa...un narigudo mono de Borneo...¡Eso es, un nari-gudo!

¡Ja,ja! ¡Mírelo, corre como una liebre!

¡Qué narizota!...¡Pero qué narizota!...¡Ha visto usted qué narizota?

Me recuerda a alguien conocido...pero ¿a quién...?

?! + ☆ pfff ? ... hm

Mientras tanto...

¡Mira! Vuelve uno de nuestros hombres.

El gran jefe los necesita: deben ir inmediatamente.

¡Ah! ¿Qué es lo que pasa ahora?

¡Todo debería haber terminado hace rato, y el avión hundido en el mar! ¡Acabarán por localizarnos!...¡Ah!...Las noticias...

...todavía sin noticias del avión del millonario, del que se ha perdido el rastro entre Macassar y Darwin. Por la noche será interrumpida la búsqueda, que será reemprendida mañana al amanecer.

Bueno, esto nos da algunas horas de tregua. ¡Vamos, muchachos!

¡Ah, no! ¡No es para esto para lo que estamos aquí!

¡Basta, Spalding, vamos!

¿Vas a decirme al fin dónde me llevas, ¡mil millones de truenos!?

Le repito, capitán, que no sé absolutamente nada...Tengo la impresión de estar teledirigido, eso es todo lo que puedo decirle...

¿Y cómo puede ser que haya claridad? Normalmente esto debería estar más oscuro que la panza de una ballena.

Es raro, desde luego... A mí, esto me recuerda la extraña luz del Templo del Sol.

Creo que ya hemos llegado a nuestro destino... Sí, ésta es la estatua que me ha sido descrita...

¡Claro, "las voces interiores" han descrito esta estatua al señor, naturalmente!...¿Por casualidad "las voces" le han dado también al señor la razón del calor que reina en este sótano?...¡Esto parece un baño turco!

No sé... Quizá estemos cerca de una fuente de agua caliente...

¿Y por qué no una fuente de café con leche?

O de lava: no estamos lejos de un volcán. ¿Me permite?...

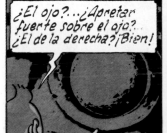

¡El ojo?...¡Apretar fuerte sobre el ojo?...¿El de la derecha?¡Bien!

¡Un pasadizo secreto!...¡Es asombroso!...¡El ojo ha hecho funcionar el mecanismo!...¡Entremos!

¿Aquí dentro?...Pero...

Vamos...capitán...Yo pasaré el último...y pondré la estatua en su lugar.

CLAC

Ahora cierro como "se me ha dicho" que lo haga. Ya estamos seguros, si he comprendido bien las instrucciones de lo que usted llama irónicamente "mis voces".

¡Tus voces!

MMBL

¡Tus voces por aquí!...¡Tus voces por allá!... ¡Ah!...¡Ya tengo la cabeza llena de tus tonterías!...¡La broma ya ha durado bastante!¡Mil truenos!...Dime cómo conocías tú la existencia de este templo; eso es lo que quiero saber, ¡truenos de truenos y rayos!

Pero yo...

MMLB

¿Coco...cómo? ¿Qué?...¿Quién habla?...¿Qué dice?... ¿Que no grite tanto?... Bueno...Bueno... Bien.

Es...yo...¡Es asombroso!...Yo... No puedes imaginar lo que... Es como si me hubieran hablado por teléfono, pero en el interior de mi cabeza...Sí, sí, sí, no te rías; es tal como te digo, y...

PLOM PLOM PLOM

¡Chist!... ¡Oiga!

PLOM PLOM

¡Pasos!...

PLOM PLOM

¡Sí!

¡Allí hay alguien!...

!

¿Te das cuenta?...¡Como si hubiera un altavoz en mi testa!... ¡Es incomprensible!

¡Fan-tás-tico!

¡Tornasol!

¡Profesor!...¡Usted aquí?...¿De dónde sale?...¿Y los demás?

¡Qué!...¿Tenía yo razón, o no?... ¿Eh?...

¿No me cree todavía?... Siempre tan escéptico...

No, no, profesor, pero es que...

¡Ah! Es muy sencillo: vayan a preguntárselo a aquel señor de allí.

Buenos días, señores. ¡Muy contento de acogerles aquí!

Mi nombre: Mik Ezdanitoff. Yo soy quien les ha guiado a ustedes.

¿El célebre Ezdanitoff de la revista "Cometa"?...

¿Guiado?...

¡Naturralmente!...¿Ve usted este pequeño aparrato, a la izquierda, y aquí la mini-antena?...

¿Para qué sirve ese artefacto?...

¡!

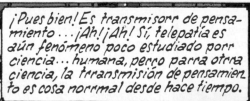

¡Pues bien! Es transmisorr de pensamiento...¡Ah!¡Ah! Sí, telepatía es aún fenómeno poco estudiado porr ciencia...humana, perro parra otra ciencia, la trransmisión de pensamiento es cosa norrmal desde hace tiempo.

¿Para otra ciencia?...
¿Qué otra ciencia?...

¿Qué otra ciencia?...La ciencia... ejem...extraterrestrre...

Supongo que no irá a hacernos creer que usted...

¿Yo?...No, no, no, yo soy serr humano como usted...

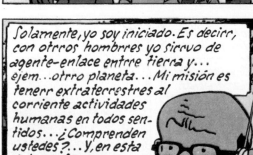

Solamente, yo soy iniciado. Es decirr, con otrros hombrres yo sirrvo de agente-enlace entrre tierra y... ejem...otrro planeta...Mi misión es tenerr extraterrestres al corriente actividades humanas en todos sentidos...¿Comprenden ustedes?...Y, en esta isla, yo los encuentrro una o dos veces porr año...

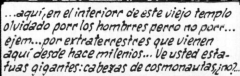

...aquí, en el interiorr de este viejo templo olvidado porr los hombrres perro no porr... ejem...por extraterrestres que vienen aquí desde hace milenios...Ve usted estatuas gigantes: cabezas de cosmonautas, ¿no?...

¡Ah!¡No!¡Basta ya!... Todo esto son cuentos de viejas...¡Yo no me lo trago, téngalo por seguro!

¡!

Yo...bue...bue...bueno...yo...callaré...¡Perdone!...No, no le interrumpiré...

Bien, continúo...Un ingenio espacial me dejó ayerr porr la noche aquí. Y esta mañana, yo he notado gran rebullicio en isla, generalmente desierta. Yo he visto todos los prreparrativos, luego he visto llegarr avión. ¡Entonces he comprrendido que había una trrampa!...

AAAAH

¿! ¿!

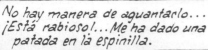

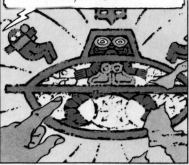

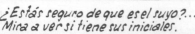

¿Estás seguro de que es el suyo?... Mira a ver si tiene sus iniciales.

¡Caramba, no hay manera de retirar este sombrero! ¡Está atrapado bajo el zócalo!...

Si ha podido ir a parar bajo la estatua, debe también poderse sacar, ¿no?... No lo habrán pegado con cola, ¿verdad?... ¡Tira... tira más fuerte! ¡Pareces una viejecita!

¡AHH! ¡AHH!...

¡¡IMBÉCIL! ¡¡IMBÉCIL! ¡¡IMBÉCIL!

¡Perdón, patrón! ¡Perdón, patrón!

L.C.: Laszlo Carreidas... Es de él, patrón. ¡Véalo!...

¿Y ha sido necesario destrozarlo para sacarlo de ahí?...

Entonces, habrá sido la estatua la que se habrá puesto sobre él... Y en este caso... ¡Sí, claro: debe haber un pasadizo secreto!... ¡Venga, buscad!...

¡Eso es, vamos!... La estatua debe poderse mover...

Y diez minutos más tarde...

No se mueve nada, patrón... ¡Ah! Si tuviéramos dinamita...

¿Dinamita?... ¡Tenemos algo mejor!...

¡Rápido, vuelve a nuestro junco y trae todo el plástico que estaba destinado a estos bobos de sondonesios!... ¡Vamos, aprisa!...

¡Ah! ¡Ah! ¡Amigos, no conocéis todavía a Rastapopoulos!... ¡Os cazaré aunque tenga que demoler este templo piedra por piedra!...

Nosotros hablábamos de lo que los extraterrestrres harrían con ustedes. Pues bien, empezarrán porr hipnotizarrlos.

¡Qué! ¡Hipnotizarnos a nosotros?...

¡Ah, no; eso sí que no!... ¡Cree usted que vamos a dejarnos hipnotizar por extraterrestres hechos con grasa de barco?...

¡Vamos, hombre, vamos, que no les harrán daño!... Les hipnotizarrán sólo parra que olviden lo que hayan oído o visto aquí... Luego se acorrdarrán sólo del viaje en el avión de Carreidas.

¿Cómo sabe usted que...?

¿Cómo lo sé?... ¡Oh! ¡Nada de brrujerría!... ¡Han sido amigos de ustedes, piloto Pst y Gino, que me lo han contado!...

Sí, los llamarré ahora... Ellos han entrrado al mismo tiempo que ustedes porr otrro agujerro. He hipnotizado y liberrtado a prrisionerros que han sembrrado el pánico entre sus camarradas...

Salud, caballero.

?

¡Oiga, joven, le he hecho el honor de saludarlo!, ¡no?... Podría al menos levantar su sombrero, ¿verdad?

¡Por nada del mundo!

Y no es que quiera contradecirle, pero crea más bien que la temperatura ambiente es un poco elevada.

¡INSOLENTE!

PAF

?

PIF

PAF

POF

¡Dios mío!

FLAP

FLAP

PAF

POF

¡Silvestre!... ¡stop!...

¡Profesor!...

¡Silvestre!... ¡Cálmese, en nombre del cielo!

HARGN

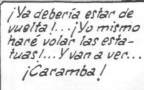

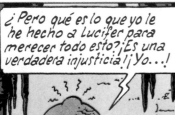

¡Ahí están sus camarradas!

¡Tintín!

¡Hola!

¡Mamma mía!

¡Ay, amigos, qué felicidad encontrar a ustedes!

¡Mamma mía!¡Qué placere di encontrarlo, siñor commendatore!

¿Cómo va eso, ametrallador con babero?

Vengan, vengan. No nos retrasemos...

Y mientras tanto...

¡Ah!¡Por fin has llegado! ¡Ya era hora!...Pero...pero ¿qué te ha ocurrido?...

¡Oh, patrón, ha habido como un... feifmo!...

¡Si lo sabré yo!...¡Deja ya de cecear, recórcholis!

Impofible, patrón:¡he perdido mif dientef!... Han fido efos malditof fondonefiof quienef me han dejado afí...

Cuando llegué, había pánico...La última noche, lucef mifteriofaf; efta noche, un temblor de tierra...¡Imagínefe!...Ellof fe fueron en fuf juncof fin hacer ruido...

¡Y naturalmente, tú no has hecho nada para impedirlo!

Fí, fí, patrón. Yo hice todo lo pofible para impedir que fe fueran. Pero fue como fi intentara foplar en un contrabajo. ¡Eftoy vivo por cafualidad!...

¡Bah!¡Nos queda el bote neumático del avión!...¡Venga, haz saltar esto en seguida!

Habrá unof bonitof fuegof artificialef, patrón: hay lo necefario para hacer faltar el Empire Eftate Building...

¡Ya eftá!...¡Tenemof cinco minutof para ponernof a refguardo!...

Estas grrutas comunican porr un lado con el templo, porr el otro con crráterr de antiguo volcán.

BROMM

? !

¡Qué! ¡Se acabaron ya sus dichosos temblores de tierra?...

¡Esto no serr temblorres de tierra, serr otra cosa: explosiones provocadas porr bandidos...¡Síganme, rápido, prresiento terrible peligrro!...

Un poco más, y saldrremos al exterriorr.

... y lo esencial es que hayamos encontrado mi sombrero.

¡Sí, sí, claro!

? PLOC

¡Huy! ¡Llueve sobre mi cabeza! Entonces, el sombrero que llevo...

¡Espérenme!...¡Vuelvo en seguida!...¡Voy a buscar mi sombrero!...

!

¡Si lo lleva puesto!... ¡Vuelva!

¡Claro, si lo lleva puesto!...

¡Perdón! ¡Éste no es mi sombrero!...¡Se moja con el agua!

!

¡Dios mío, estas nubes de humo!...¡De dónde salen?...

¿Y este olor?...¡Parece azufre!...

AAAH...

?

¡Socorro!

¡LAVA!

¡Mi sombrero!...¡Yo quiero mi sombrero!...¡Es mio mi sombrero!

¡Corra! ¡Corra!...

TAC
TAC
TAC

¡Más de prisa!...¡Más de prisa!

¡No puedo más!¡Y yo quiero mi sombrero!

¡Vamos, un poco más!¡Haga un esfuerzo!...

Yo...

¡Eso es!¡Muy bien! ¡Ahora corre usted más que yo!

!

PSCHH

¡A las escaleras, a galope!...

¡Vamos, pase usted delante!

¡Venga, Carreidas!¡Vamos, hombre!

¡Apártese!¡Déjeme pasar!

¡EEEH!

¡Capitán!... ¡LA LAVA!... ¡LA LAVA!...

¡Bravo, capitán! ¡Eso es tener reflejos!...

¡Déjese resbalar ahora!

¡Por aquí, capitán!

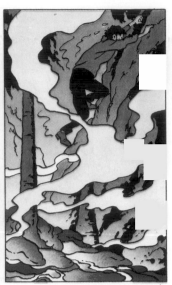

¡Pfff! ¡Esta vez, bien creí que caía en la cacerola!

¡Venga!... ¡Corra, rápido!... ¡No hay tiempo que perder!

¡Ya voy! ¡Ya voy!... ¡Pero cuidado con ese pedazo de ectoplasma de mejillón relleno de Carreidas!... ¡Voy a hacerle papilla!

¡Venga!

¡Esto parece un horno!

¡Qué suerrte! ¡Están sanos y salvos!... ¡Vengan porr aquí, rrápido!

¡El volcán se está despertando!

¡Eso es! Sí, temblorr de tierra prrobàblemente ha perovoca-do una fisurra en la antigua chimenea que alimenta el volcán... Y luego la explo-sión...

... sin duda ha agrrandado la fisurra y dejado escaparr gas y lava... Si ha sido así, la errupción no ha hecho más que empezarr... ¡Si al menos el plati-llo volante llega a tiempo!...

El calorr es insoporrtable... Si esto continúa, vamos a...

TCHUUM

¿Es que no pueden cerrar las puertas después de pa-sar?... ¡No sienten que hay una terrible corriente de aire?...

¿Y todo este humo, eh?... ¡Lo hacen ex profeso?... Con lo sensi-ble que yo tengo la garganta... Quie-ren ustedes mi muerte, ¿verdad?...

¡Esta vez son vaporres tóxicos!...¡Tápense la boca con los pañuelos!

¡Vamos, fuera! ¡Adelante!

¡Mira, mira, mira!... ¿Qué sucede ahora?...

Examinemos qué clase de piedra es ésta...

¡Porr aquí!...¡Casi hemos llegado!...

¡Vamos, adelante!...¡Y engánchese esto en la nariz!

¡Uf! ¡Por fin aire puro del cielo!

Es aquí, en antiguo cráterr, donde platillo debe venirr.

¡Allá, allá! ¡Miren, el cielo está rojo!

Sí, la lava debe rrebasarr el borrde del volcán.

¡Espérame!...¡Espérame, Allan!...¡Allan, por piedad, espérame, no corras tanto!...

¡Al bote...neumático!... Ef la fola forma de efcaparfe...

Todo el mundo está aquí, ¿verdad?

Eh...yo creo... sí...

¡¡¿ Y Tornasol?!! ...¿Dónde está Tornasol?...

¡El desgraciado! ¡Debe de haberse quedado atrás!...

GUAU GUUAAUU

¡Tintín!...¡En nombre del cielo, vuelve, vuelve en seguida, grumete, vuelve en seguida!...

GUUUAAAUUUU

¡Ha vuelto a ese infierno!...¡Llámele!...¡Haga algo, yo qué sé...por telepatía! ¡Hipnotícele!

GUUAAAUUUUU

¡Vuelve, amigo!... Es inútil arriesgarr tu vida...

Y bien, ¿qué le ha contestado?...

Me ha enviado al cuerno. ¡Hay que ver, un chico tan educado!

¡Aquí!...¡Ayúdenme!...¡Ayúdenme!...

¡Allí está!

¡Mil truenos!¡Lo ha logrado! ¡Qué tipo este Tintín!

¡Rápido!...¡El boca a boca!...¡Debemos reanimarlo!...

¡Qué alegría!...¡Qué felicidad!¡Se han salvado!...

¡Yupi!...¡Voy a tomar el baño de medianoche!

¡No tan lejos, Milú, vuelve!

¡Caramba!¿Sé nadar, o no?...

¡Aún ningún signo de astronave!...¿Porr qué ellos tarrdan tanto?...

¡Y ahora, Silvestre, está mejor?...

¡Uf!

RRROOHRR ROORR

¡El lago!...¡Mirren!...¡Se está vaciando como un vulgarr lavabo!

GUUAAUU

GUAU BLUB BLUB BLUB...

¡Aguanta, Milú, que ya llego!...

Guauuu
Guauuu

Dentro de pocos segundos, el lago habrá desaparecido... Me pregunto si...

RRHOR

BUUM

¡Acabarán pronto allí arriba con este polvo?...

¡Uf!¡De momento, se acabó!...Podemos felicitarnos de que hayan sido sólo cenizas y vapor de agua, y no lava o bloques de piedra.

BZZ BZZ BZZ

¡La astrronave!...¡La astrronave!...¡Allí está!...¡Justo encima de nosotrros!

¡Qué!¿Ese zumbido de abeja?...

BZZ   BZZZ   BZZ   BZZZ

¡No se ve nada!

¡Si pretenden aterrizar entre esta humareda, les compadezco!

¿Un zepelín?...¿Aquí?...¡¡No es posible!!

...sí, háganlo rápido: puede haberr otra errupeión y...Sí, hagan descenderr la escalerra.

Ya está: ustedes subirrán a borrdo de la astrronave, perro antes, como les había dicho, debo hipnotizarrlos.

¡Conque hipnotizarnos?...¡Nunca, jamás de la vida!¡Ya puede estar seguro!...¡Y además, con nosotros estos trucos no valen!...

¡No va...no va...no...va...no...!

Y ahorra, señorres, están en el aerropuerrto de Jakarrta y van a tomarr asiento a borrdo del avión Carreidas. Aquí está la escalerra. Suba usted primerro, señorr Carreidas.

Ahorra usted, prrofesorr... Usted, comandante Pst...

El siguiente, usted, Gino... Suba, doctorr...

Usted, señorr Tintín, con Milú...y porr último, usted, capitán Haddock.

Perrfecto...Ya están todos en el avión hacia Sidney y...

Aló, grran piloto, suban la escalerra...¡Rápido! ¡Siento unos rruidos inquietantes!

¡Uf!¡Ya erra horra!...Grracias, grran piloto...Perrmitame que me ocupe de mis amigos terrestrres...

Usted, señorr Carreidas, juega al combate naval con el capitán Haddock. Y, naturralmente, está haciendo trrampas.

Naturalmente.

Usted, comandante Pst, está al mando del "Carreidas 160"; y todo va bien a borrdo.

Todo va bien a bordo. Sí, sí, todo.

¡Oh!¡Allá!...¡Un bote neumático!

Es el bote de Carreidas... ¡Aquí es donde debe acabar la aventura para Tintín y sus amigos!

¡Miren!...¡Miren!... ¿Qué ef efo?...

¡Un...un platillo volante!...¡Da vueltas, baja!...¡Pero...si viene derecho hacia nosotros!...¡Fuego, Allan!...¡FUEGO!

¡Abajo las arrmas, bandidos!... ¡Se acabó la risa!... ¡Estáis bajo mi poderr hipnótico!

Escuchad bien: el aparrato que veis no es otrra cosa que un helicópterro que ha venido a recogerrles...¡Suban a borrdo!

Bien, bien, bien, bien.

Ahorra le hablo a usted, comandante Pst, y a ustedes, amigos... Ustedes olvidarrán todo lo sucedido desde ayerr...Ustedes recorrdarrán únicamente esto: después de la salida de Jakarrta parra Sidney, porr circunstancias desconocidas se forrzó al avión a amararr...

...y ustedes tuvierron que ocuparr un bote neumático.

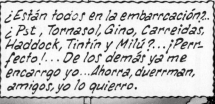

¿Están todos en la embarrcación?.. ¿Pst, Tornasol, Gino, Carreidas, Haddock, Tintín y Milú?...¡Perrfecto!... De los demás ya me encarrgo yo...Ahorra, duerrman, amigos, yo lo quierro.

¡Adiós!

¡Guauu! ¡Guauu!

Unas horas más tarde...

...al reanudar la búsqueda para hallar a los pasajeros del avión "Carreidas" desaparecido anteayer, las esperanzas disminuyen de hora en hora.

Un antiguo volcán situado en la isla de Pulau-pulau Bompa, en el mar de las Célebes, ha entrado en erupción esta noche. Una columna de humo de 10.000 metros se eleva sobre el cráter. Aviones patrulla han salido a observar el fenómeno.

Otra pasada, Bob; trataremos de filmar el cráter.

O.K.

¡Oh! ¡Bob!...¡Mira, mira!...¡Allá!...

Un bote neumático...

¿Aló, Macassar Control?...Aquí Víctor Hotel Bravo...Hemos localiiazado un bote neumático a menos de una milla al sur del volcán, con cinco o seis hombres a bordo; pero, después de varias pasadas, nadie da señales de vida, salvo un perrito blanco.

¡Mala suerte, Bob, el viento los empuja hacia el lugar donde cae la lava!...¡Van a cocerse como langostas!...¡Debemos hacer algo para salvarlos!...

¡Guauu! ¡Guauu!

Algunos días después, a miles de kilómetros de allí.

Habíamos anunciado que seis de los nueve ocupantes del avión del millonario Carreidas, entre los que estaba el propio señor Carreidas, habían sido encontrados a la deriva en un bote neumático a más de 200 millas de su itinerario normal, cerca de la isla de Pulau-pulau Bompa. Sabemos que esta isla acaba de ser arrasada por una erupción volcánica. Los rescatados debían de estar bajo el efecto de un shok, ya que no recuperaron el conocimiento hasta después de varias horas de ser hospitalizados en Jakarta.

...El asunto es tan misterioso que hemos enviado a uno de nuestros equipos móviles con el fin de interrogar a los supervivientes...

Todos los gastos a cuenta del Estado, naturalmente. Aunque, a fin de cuentas, el Estado somos nosotros.

Empezamos por el propietario del avión... Señor Carreidas, la pérdida de su prototipo y la trágica desaparición de su secretario y de dos miembros de su tripulación deben haberle afectado mucho...

Sí, evidentemente...

...Todo esto es muy triste, pero, ¿qué quiere usted? ¡Así es la vida!... Pero lo más triste ha sido que perdí mi sombrero: un Bross y Clackwell de antes de la guerra... y eso, caballe- ros, es irreparable.

¿Y estas señales de pinchazos en sus brazos, señor Carreidas?... Parece que sus compañeros de viaje no las llevan...

Es natural, yo soy más rico que ellos, ¿no?...

¡Ehh...naturalmente!

Comandante Pst, usted fue obligado a aterrizar. ¿Puede usted decirnos en qué circunstancias se desarrolló aquel incidente?... Su último mensaje anunciaba que se hallaba a la altura de Sumbawa y que todo iba bien a bordo...

Sí...

Sí...pero ser imposible acordarme: es como agujero en mi memoria... No comprender... Ser como si yo soñar...

A mí también me hace el efecto como si padeciese un mareo espantoso...

¡No!¿Qué veo?¡Mirad quién aparece ahora!...¡El barbudo de Mulinsart!...¡Hay que reconocer que tiene talento para divertirnos con sus cosas!...

Recuerdo vagamente unas máscaras haciendo muecas, en un subterráneo donde reinaba un calor sofocante...¡Rayos y truenos! ¡Me entra sed sólo de pensarlo!

¿Y usted, querido amigo?

Yo...¡bien! He tenido un sueño parecido. Es muy extraño, pero...

¡Aquí lo tenemos, con su inseparable mechón de pelo!

...pero lo más fantástico de esta historia es lo que el profesor Tornasol va a revelarles...

Profesor, ¿quiere mostrar el objeto que ha encontrado?

¡De ninguna manera, de ninguna manera, con mucho gusto!

Aquí está.

¡Ah! ¿Qué es?

¡Exactamente!...¡Un alambre de metal terminado en una cabeza hemisférica!

¡Buf! ¡Qué tontería!... ¿Qué tiene eso de extraordinario?

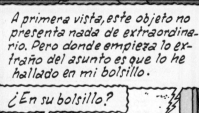

A primera vista, este objeto no presenta nada de extraordinario. Pero donde empieza lo extraño del asunto es que lo he hallado en mi bolsillo.

¿En su bolsillo?

No, no, no: lo he encontrado en mi bolsillo!

¡Siempre es el mismo este Tornasol!...¡Más sordo que una tapia...!

¡Ah!...¿Que cómo ha llegado hasta aquí?...No tengo ni la más remota idea. Y lo más extraño es que el material con que está hecho este objeto es un metal que no existe en la tierra.

¿Seguro que es un metal extraño?

¿Dice usted de estaño?...¡No, no, mire!...

¡Qué chiste!...¡Mi madre!...¡Ja, ja, ja!...¡Ju, ju, ju!...

¿Ve usted cómo oscila el péndulo cuando está cerca del objeto?

¡En efecto! ¡Pero qué significa eso?

No, señor, esto no es autosugestión... Sepa, caballero, que he hecho analizar este metal por el laboratorio de la Universidad de Jakarta. ¡Pues bien, señor, la opinión del físico-químico es precisa: se trata de cobalto en estado puro, aleado con un compuesto de ferro-níquel!

Pero no hay cobalto en estado puro sobre nuestro planeta...¡Luego este objeto es de origen extraterrestre!

Está un poco loco, ¿no?... Quizá sea una pieza suelta de un platillo volante, ¿eh? Construida en una fábrica del planeta Marte, ¡claro!... ¡Explicas esto a un caballo de cartón y se pone a saltar!...

Profesor, acaba de pronunciar la palabra "extraterrestre". A propósito de esto, aquí tenemos una fotografía tomada el pasado lunes en Nueva Delhi por un aficionado el mismo día en que ustedes fueron recogidos. Examine bien este documento.

¿Opina usted que se trata de un platillo volante?...Esto es lo que cree el autor de la foto....¿Y estos ingenios, cree usted que son de origen extraterrestre?...

¿Una orquesta?...Francamente, no veo la relación... Opino que se trata de uno de esos objetos voladores no identificados a los que llamamos platillos volantes.

¿Cree que estos objetos voladores provienen de otros mundos?

¿Redondo?...¡Naturalmente! Un plato es siempre redondo, ¿no?...

Ejem...Evidentemente...Otra pregunta, profesor: ¡usted y sus compañeros de viaje se han visto atacados de amnesia?

Sí, pero a condición, sin embargo, de que sea siempre bismuto de magnesia.

¿Perdón?...Hem...No quiero decir que los casos de amnesia sean hoy extraños, no...Los periódicos decían esta misma mañana: "El director de un Instituto Psiquiátrico de Nueva Delhi, el doctor Krollspell, desaparecido hace un mes, ha sido hallado errando por los contornos de la capital, habiendo perdido completamente la memoria".

Pero en su caso, ¿cómo explican los doctores que TODOS ustedes hayan sido atacados de amnesia?

No se lo explican... Están desorientados, como nosotros...

¡Ah!¡Si pudiese contar todo lo que he visto!...Pero no me creerían.

Y para finalizar, señores, ¿puedo preguntarles cuáles son sus planes?

Seguiremos viaje en seguida en el avión para Sidney, a donde llegaremos justo a tiempo para la apertura del Congreso de Astronáutica.

¡Pues bien! Sólo nos queda desearles que nada interrumpa su viaje... ¡Buena suerte, caballeros!...¡Hasta pronto, capitán!.

¡Hasta pronto!

DONG Último aviso: los pasajeros del vuelo Quantas número 714 con destino a Sidney, diríjanse inmediatamente a la puerta número tres.

FIN